# TRANZLATY

**Language is for everyone**

Jezik je za vse

# Aladdin and the Wonderful Lamp

# Aladin in čudovita svetilka

Antoine Galland

English / Slovenščina

Copyright © 2025 Tranzlaty
All rights reserved
Published by Tranzlaty
ISBN: 978-1-83566-933-4
Original text by Antoine Galland
From *"Les mille et une nuits"*
First published in French in 1704
Taken from The Blue Fairy Book
Collected and translated by Andrew Lang
**www.tranzlaty.com**

**Once upon a time there lived a poor tailor**
Nekoč je živel reven krojač
**this poor tailor had a son called Aladdin**
ta ubogi krojač je imel sina Aladina
**Aladdin was a careless, idle boy who did nothing**
Aladin je bil brezbrižen, brezdelen fant, ki ni naredil ničesar
**although, he did like to play ball all day long**
čeprav se je rad ves dan igral z žogo
**this he did in the streets with other little idle boys**
to je počel na ulicah z drugimi malimi brezdelnimi dečki
**This so grieved the father that he died**
To je očeta tako razžalostilo, da je umrl
**his mother cried and prayed, but nothing helped**
mati je jokala in molila, a nič ni pomagalo
**despite her pleading, Aladdin did not mend his ways**
kljub njenemu prigovarjanju se Aladin ni popravil
**One day, Aladdin was playing in the streets, as usual**
Nekega dne se je Aladin kot ponavadi igral na ulicah
**a stranger asked him his age**
neznanec ga je vprašal, koliko je star
**and he asked him, "are you not the son of Mustapha the tailor?"**
in vprašal ga je: "Ali nisi sin Mustafe, krojača?"
**"I am the son of Mustapha, sir," replied Aladdin**
"Sem Mustafov sin, gospod," je odgovoril Aladin
**"but he died a long time ago"**
"vendar je umrl že zdavnaj"
**the stranger was a famous African magician**
neznanec je bil slavni afriški čarovnik
**and he fell on his neck and kissed him**
in padel mu je na vrat ter ga poljubil
**"I am your uncle," said the magician**
"Jaz sem tvoj stric," je rekel čarovnik
**"I knew you from your likeness to my brother"**
"Poznal sem te po tvoji podobnosti z mojim bratom"
**"Go to your mother and tell her I am coming"**
"Pojdi k mami in ji povej, da prihajam"

**Aladdin ran home and told his mother of his newly found uncle**
Aladdin je zbežal domov in materi povedal za svojega novo najdenega strica
**"Indeed, child," she said, "your father had a brother"**
"Res, otrok," je rekla, "tvoj oče je imel brata"
**"but I always thought he was dead"**
"vendar sem vedno mislil, da je mrtev"
**However, she prepared supper for the visitor**
Vseeno je pripravila večerjo za obiskovalca
**and she bade Aladdin to seek his uncle**
in naročila je Aladinu, naj poišče svojega strica
**Aladdin's uncle came laden with wine and fruit**
Aladinov stric je prišel natovorjen z vinom in sadjem
**He fell down and kissed the place where Mustapha used to sit**
Padel je in poljubil mesto, kjer je včasih sedel Mustapha
**and he bid Aladdin's mother not to be surprised**
in Aladinovi materi je naročil, naj ne bo presenečena
**he explained he had been out of the country for forty years**
pojasnil je, da je bil štirideset let zunaj države
**He then turned to Aladdin and asked him his trade**
Nato se je obrnil k Aladinu in ga vprašal, kakšna je trgovina
**but the boy hung his head in shame**
deček pa je od sramu povesil glavo
**and his mother burst into tears**
in njegova mati je planila v jok
**so Aladdin's uncle offered to provide food**
zato je Aladinov stric ponudil hrano
**The next day he bought Aladdin a fine set of clothes**
Naslednji dan je Aladinu kupil lep komplet oblačil
**and he took him all over the city**
in peljal ga je po vsem mestu
**he showed him the sights of the city**
mu je razkazal znamenitosti mesta
**at nightfall he brought him home to his mother**
zvečer ga je pripeljal domov k materi

**his mother was overjoyed to see her son so well dressed**
njegova mati je bila presrečna, ko je videla svojega sina tako lepo oblečenega
**The next day the magician led Aladdin into some beautiful gardens**
Naslednji dan je čarovnik vodil Aladina v nekaj čudovitih vrtov
**this was a long way outside the city gates**
to je bila daleč zunaj mestnih vrat
**They sat down by a fountain**
Usedli so se k vodnjaku
**and the magician pulled a cake from his girdle**
in čarovnik je potegnil torto iz svojega pasu
**he divided the cake between the two of them**
torto je razdelil med oba
**Then they journeyed onward till they almost reached the mountains**
Nato so potovali naprej, dokler niso skoraj dosegli gora
**Aladdin was so tired that he begged to go back**
Aladin je bil tako utrujen, da je prosil, naj se vrne
**but the magician beguiled him with pleasant stories**
toda čarovnik ga je zapeljal s prijetnimi zgodbami
**and he led him on in spite of his laziness**
in vodil ga je kljub njegovi lenobi
**At last they came to two mountains**
Končno so prišli do dveh gora
**the two mountains were divided by a narrow valley**
obe gori je delila ozka dolina
**"We will go no farther," said the false uncle**
"Ne bomo šli dlje," je rekel lažni stric
**"I will show you something wonderful"**
"Pokazal ti bom nekaj čudovitega"
**"gather up sticks, while I kindle a fire"**
"naberite palice, jaz pa zakurim ogenj"
**When the fire was lit the magician threw a powder on it**
Ko je ogenj zagorel, je čarovnik nanj vrgel prah
**and he said some magical words**

in rekel je nekaj čarobnih besed
**The earth trembled a little and opened in front of them**
Zemlja se je nekoliko zatresla in se odprla pred njimi
**a square flat stone revealed itself**
razkril se je kvadraten ploščat kamen
**and in the middle of the stone was a brass ring**
in sredi kamna je bil medeninast obroč
**Aladdin tried to run away**
Aladin je poskušal pobegniti
**but the magician caught him**
vendar ga je čarovnik ujel
**and gave him a blow that knocked him down**
in mu zadal udarec, ki ga je podrl
**"What have I done, uncle?" he said, piteously**
"Kaj sem naredil, stric?" je rekel, žalostno
**the magician said more kindly, "Fear nothing, but obey me"**
čarovnik je rekel bolj prijazno: "Nič se ne boj, ampak me ubogaj"
**"Beneath this stone lies a treasure which is to be yours"**
"Pod tem kamnom se skriva zaklad, ki bo tvoj"
**"and no one else may touch this treasure"**
"in nihče drug se ne sme dotakniti tega zaklada"
**"so you must do exactly as I tell you"**
"torej moraš storiti točno tako, kot ti rečem"
**At the mention of treasure Aladdin forgot his fears**
Ob omembi zaklada je Aladin pozabil na strahove
**he grasped the ring as he was told**
prijel je prstan, kot mu je bilo rečeno
**and he said the names of his father and grandfather**
in povedal je imena svojega očeta in dedka
**The stone came up quite easily**
Kamen je prišel gor precej enostavno
**and some steps appeared in front of them**
in nekaj korakov se je pokazalo pred njimi
**"Go down," said the magician**
"Pojdi dol," je rekel čarovnik
**"at the foot of those steps you will find an open door"**

"ob vznožju teh stopnic boste našli odprta vrata"
**"the door leads into three large halls"**
"vrata vodijo v tri velike dvorane"
**"Tuck up your gown and go through the halls"**
"Spravi svojo obleko in pojdi skozi hodnike"
**"make sure not to touch anything"**
"pazi, da se ničesar ne dotakneš"
**"if you touch anything, you will instantly die"**
"če se česa dotakneš, boš takoj umrl"
**"These halls lead into a garden of fine fruit trees"**
"Te dvorane vodijo v vrt lepih sadnih dreves"
**"Walk on until you reach a gap in the terrace"**
"Hodite, dokler ne pridete do vrzeli na terasi"
**"there you will see a lighted lamp"**
"tam boste videli prižgano svetilko"
**"Pour out the oil of the lamp"**
"Izlijte olje iz svetilke"
**"and then bring me the lamp"**
"in potem mi prinesi svetilko"
**He drew a ring from his finger and gave it to Aladdin**
S prsta je potegnil prstan in ga dal Aladinu
**and he bid him to prosper**
in mu je naročil, naj uspeva
**Aladdin found everything as the magician had said**
Aladin je našel vse, kot je rekel čarovnik
**he gathered some fruit off the trees**
nabral je nekaj sadežev z dreves
**and, having got the lamp, he arrived at the mouth of the cave**
in ko je dobil svetilko, je prišel do ustja jame
**The magician cried out in a great hurry**
Čarovnik je v veliki naglici zavpil
**"Make haste and give me the lamp"**
"Pohiti in mi daj svetilko"
**Aladdin refused to do this until he was out of the cave**
Aladdin tega ni hotel storiti, dokler ni prišel ven iz jame
**The magician flew into a terrible rage**
Čarovnik je grozno pobesnel

**he threw some more powder on to the fire**
vrgel je še nekaj prahu na ogenj
**and then he cast another magic spell**
in nato je oddal še en čarobni urok
**and the stone rolled back into its place**
in kamen se je odvalil nazaj na svoje mesto
**The magician left Persia for ever**
Čarovnik je za vedno zapustil Perzijo
**this plainly showed that he was no uncle of Aladdin's**
to je jasno pokazalo, da ni Aladinov stric
**what he really was was a cunning magician**
v resnici je bil zvit čarovnik
**a magician who had read of a magic lamp**
čarovnik, ki je bral o čarobni svetilki
**a magic lamp which would make him the most powerful man in the world**
čarobno svetilko, ki bi ga naredila za najmočnejšega človeka na svetu
**but he alone knew where to find the magic lamp**
vendar je sam vedel, kje najti čarobno svetilko
**and he could only receive the magic lamp from the hand of another**
čarobno svetilko pa je lahko prejel samo iz roke drugega
**He had picked out the foolish Aladdin for this purpose**
V ta namen je izbral neumnega Aladina
**he had intended to get the magical lamp and kill him afterwards**
nameraval je dobiti čarobno svetilko in ga nato ubiti
**For two days Aladdin remained in the dark**
Dva dni je Aladin ostal v temi
**he cried and lamented his situation**
je jokal in objokoval svoj položaj
**At last he clasped his hands in prayer**
Končno je sklenil roke v molitvi
**and in so doing he rubbed the ring**
in pri tem podrgnil prstan
**the magician had forgotten to take the ring back from him**

čarovnik mu je pozabil vzeti prstan nazaj
**Immediately an enormous and frightful genie rose out of the earth**
Takoj se je iz zemlje dvignil ogromen in strašen duh
**"What would thou have me do?"**
"Kaj hočeš, da naredim?"
**"I am the Slave of the Ring"**
"Jaz sem suženj prstana"
**"and I will obey thee in all things"**
"in ubogal te bom v vsem"
**Aladdin fearlessly replied: "Deliver me from this place!"**
Aladin je neustrašno odgovoril: "Reši me s tega mesta!"
**and the earth opened above him**
in zemlja se je odprla nad njim
**and he found himself outside**
in znašel se je zunaj
**As soon as his eyes could bear the light he went home**
Takoj, ko so njegove oči prenesle svetlobo, je odšel domov
**but he fainted when he got there**
vendar se je onesvestil, ko je prišel tja
**When he came to himself he told his mother what had happened**
Ko je prišel k sebi, je materi povedal, kaj se je zgodilo
**and he showed her the lamp**
in pokazal ji je svetilko
**and he showed her the fruits he had gathered in the garden**
in pokazal ji je sadeže, ki jih je nabral na vrtu
**the fruits were, in reality, precious stones**
sadeži so bili v resnici dragi kamni
**He then asked for some food**
Nato je prosil za hrano
**"Alas! child," she said**
"Ojoj! otrok," je rekla
**"I have no food in the house"**
"V hiši nimam hrane"
**"but I have spun a little cotton"**
"ampak sem spredel malo bombaža"

**"and I will go and sell the cotton"**
"in bom šel prodat bombaž"
**Aladdin bade her keep her cotton**
Aladin ji je naročil, da obdrži svoj bombaž
**he told her he would sell the magic lamp instead of the cotton**
rekel ji je, da bo prodal čarobno svetilko namesto bombaža
**As it was very dirty she began to rub the magic lamp**
Ker je bila zelo umazana, je začela drgniti čarobno svetilko
**a clean magic lamp might fetch a higher price**
čista čarobna svetilka bi lahko dosegla višjo ceno
**Instantly a hideous genie appeared**
Takoj se je pojavil ostuden duh
**he asked what she would like to have**
je vprašal, kaj bi rada imela
**at the sight of the genie she fainted**
ob pogledu na duha je omedlela
**but Aladdin, snatching the magic lamp, said boldly:**
toda Aladin je pograbil čarobno svetilko in pogumno rekel:
**"Fetch me something to eat!"**
"Prinesi mi nekaj za jesti!"
**The genie returned with a silver bowl**
Duh se je vrnil s srebrno skledo
**he had twelve silver plates containing rich meats**
imel je dvanajst srebrnih krožnikov z bogatim mesom
**and he had two silver cups and two bottles of wine**
in imel je dve srebrni skodelici in dve steklenici vina
**Aladdin's mother, when she came to herself, said:**
Aladinova mama, ko je prišla k sebi, je rekla:
**"Whence comes this splendid feast?"**
"Od kod prihaja ta čudovita pojedina?"
**"Ask not where this food came from, but eat, mother," replied Aladdin**
"Ne sprašuj, od kod ta hrana, ampak jej, mati," je odgovoril Aladin
**So they sat at breakfast till it was dinner-time**
Tako so sedeli pri zajtrku, dokler ni bil čas za večerjo

**and Aladdin told his mother about the magic lamp**
in Aladin je svoji materi povedal za čarobno svetilko
**She begged him to sell the magic lamp**
Rotila ga je, naj proda čarobno svetilko
**"let us have nothing to do with devils"**
"naj nimamo nič s hudiči"
**but Aladdin had thought it would be wiser to use the magic lamp**
toda Aladdin je menil, da bi bilo pametneje uporabiti čarobno svetilko
**"chance hath made us aware of the magic lamp's virtues"**
"naključje nas je seznanilo z vrlinami čarobne svetilke"
**"we will use the magic lamp, and we will use the ring"**
"uporabili bomo čarobno svetilko in uporabili bomo prstan"
**"I shall always wear the ring on my finger"**
"Vedno bom nosil prstan na prstu"
**When they had eaten all the genie had brought, Aladdin sold one of the silver plates**
Ko so pojedli vse, kar je duh prinesel, je Aladin prodal enega od srebrnikov
**and when he needed money again he sold the next plate**
in ko je spet potreboval denar, je prodal naslednji krožnik
**he did this until no plates were left**
to je počel, dokler ni ostal noben krožnik
**He then made another wish to the genie**
Nato je duhu izrekel še eno željo
**and the genie gave him another set of plates**
in duh mu je dal še en komplet krožnikov
**and in this way they lived for many years**
in tako so živeli mnogo let
**One day Aladdin heard an order from the Sultan**
Nekega dne je Aladin slišal sultanov ukaz
**everyone was to stay at home and close their shutters**
vsi naj ostanejo doma in zapirajo polkna
**the Princess was going to and from her bath**
princesa je šla v kopel in nazaj
**Aladdin was seized by a desire to see her face**

Aladina je prevzela želja, da bi videl njen obraz
**although it was very difficult to see her face**
čeprav je bilo zelo težko videti njen obraz
**because everywhere she went she wore a veil**
ker povsod je nosila tančico
**He hid himself behind the door of the bath**
Skril se je za vrata kopališča
**and he peeped through a chink in the door**
in pokukal je skozi špranjo v vratih
**The Princess lifted her veil as she went in to the bath**
Princesa je dvignila tančico, ko je šla v kopel
**and she looked so beautiful that Aladdin instantly fell in love with her**
in videti je bila tako lepa, da se je Aladdin takoj zaljubil vanjo
**He went home so changed that his mother was frightened**
Domov je šel tako spremenjen, da se je mati prestrašila
**He told her he loved the Princess so deeply that he could not live without her**
Rekel ji je, da princeso tako močno ljubi, da ne more živeti brez nje
**and he wanted to ask her in marriage of her father**
in hotel jo je zaprositi za njenega očeta
**His mother, on hearing this, burst out laughing**
Njegova mati je, ko je to slišala, planila v smeh
**but Aladdin finally convinced her to go to the Sultan**
vendar jo je Aladin končno prepričal, da je šla k sultanu
**and she was going to carry his request**
in nameravala je izpolniti njegovo prošnjo
**She fetched a napkin and laid in it the magic fruits**
Prinesla je prtiček in vanj položila čarobne sadeže
**the magic fruits from the enchanted garden**
čarobni sadeži iz začaranega vrta
**the fruits sparkled and shone like the most beautiful jewels**
sadeži so se lesketali in svetili kot najlepši dragulji
**She took the magic fruits with her to please the Sultan**
S seboj je vzela čarobne sadeže, da bi zadovoljila sultana
**and she set out, trusting in the lamp**

in odpravila se je, zaupajoč v svetilko
**The Grand Vizier and the lords of council had just gone into the palace**
Veliki vezir in gospodje sveta so pravkar odšli v palačo
**and she placed herself in front of the Sultan**
in postavila se je pred sultana
**He, however, took no notice of her**
Vendar je ni opazil
**She went every day for a week**
En teden je hodila vsak dan
**and she stood in the same place**
in stala je na istem mestu
**When the council broke up on the sixth day the Sultan said to his Vizier:**
Ko se je svet šesti dan razšel, je sultan rekel svojemu vezirju:
**"I see a certain woman in the audience-chamber every day"**
"V dvorani za občinstvo vsak dan vidim določeno žensko"
**"she is always carrying something in a napkin"**
"vedno nosi nekaj v prtičku"
**"Call her to come to us, next time"**
"Pokliči jo, naj pride naslednjič k nam"
**"so that I may find out what she wants"**
"da bom izvedel, kaj hoče"
**Next day the Vizier gave her a sign**
Naslednji dan ji je vezir dal znak
**she went up to the foot of the throne**
povzpela se je do vznožja prestola
**and she remained kneeling till the Sultan spoke to her**
in ostala je klečati, dokler je sultan ni spregovoril
**"Rise, good woman, tell me what you want"**
"Vstani, dobra ženska, povej mi, kaj hočeš"
**She hesitated, so the Sultan sent away all but the Vizier**
Oklevala je, zato je sultan poslal vse razen vezirja
**and he bade her to speak frankly**
in naročil ji je, naj odkrito govori
**and he promised to forgive her for anything she might say**
in obljubil ji je, da ji bo odpustil vse, kar bo rekla

**She then told him of her son's great love for the Princess**
Nato mu je povedala o veliki ljubezni svojega sina do princese
**"I prayed for him to forget her," she said**
"Molila sem zanj, da bi jo pozabil," je rekla
**"but my prayers were in vain"**
"toda moje molitve so bile zaman"
**"he threatened to do some desperate deed if I refused to go"**
"grozil mi je, da bo naredil nekaj obupnega dejanja, če ne bom hotel iti"
**"and so I ask your Majesty for the hand of the Princess"**
"zato prosim vaše veličanstvo za roko princese"
**"but now I pray you to forgive me"**
"zdaj pa te prosim, da mi odpustiš"
**"and I pray that you forgive my son Aladdin"**
"in molim, da odpustiš mojemu sinu Aladinu"
**The Sultan asked her kindly what she had in the napkin**
Sultan jo je prijazno vprašal, kaj ima v prtičku
**so she unfolded the napkin**
zato je razgrnila prtiček
**and she presented the jewels to the Sultan**
in dragulje je izročila sultanu
**He was thunderstruck by the beauty of the jewels**
Bil je pretresen nad lepoto draguljev
**and he turned to the Vizier and asked, "What sayest thou?"**
in obrnil se je k vezirju in vprašal: "Kaj praviš?"
**"Ought I not to bestow the Princess on one who values her at such a price?"**
"Ali ne bi princese podaril tistemu, ki jo ceni za tako ceno?"
**The Vizier wanted her for his own son**
Vezir jo je hotel za lastnega sina
**so he begged the Sultan to withhold her for three months**
zato je prosil sultana, naj jo zadrži tri mesece
**perhaps within the time his son would contrive to make a richer present**
morda v času, ko bi se njegov sin domislil narediti bogatejše darilo
**The Sultan granted the wish of his Vizier**

Sultan je izpolnil željo svojega vezirja
**and he told Aladdin's mother that he consented to the marriage**
in rekel je Aladinovi materi, da se strinja s poroko
**but she was not allowed appear before him again for three months**
vendar se tri mesece ni smela več pojaviti pred njim
**Aladdin waited patiently for nearly three months**
Aladin je potrpežljivo čakal skoraj tri mesece
**after two months had elapsed his mother went to go to the market**
po dveh mesecih je šla njegova mati na trg
**she was going into the city to buy oil**
šla je v mesto kupit olje
**when she got to the market she found every one rejoicing**
ko je prišla na trg, je ugotovila, da so se vsi veselili
**so she asked what was going on**
zato je vprašala, kaj se dogaja
**"Do you not know?" was the answer**
"Ali ne veš?" je bil odgovor
**"the son of the Grand Vizier is to marry the Sultan's daughter tonight"**
"sin velikega vezirja se bo nocoj poročil s sultanovo hčerko"
**Breathless, she ran and told Aladdin**
Brez sape je stekla in povedala Aladinu
**at first Aladdin was overwhelmed**
najprej je Aladinu prekipelo
**but then he thought of the magic lamp and rubbed it**
potem pa je pomislil na čarobno svetilko in jo podrgnil
**once again the genie appeared out of the lamp**
spet se je duh pojavil iz svetilke
**"What is thy will?" asked the genie**
"Kakšna je tvoja volja?" je vprašal duh
**"The Sultan, as thou knowest, has broken his promise to me"**
"Sultan, kot veste, je prelomil svojo obljubo, ki mi jo je dal"
**"the Vizier's son is to have the Princess"**
"vezirjev sin bo imel princeso"

**"My command is that tonight you bring the bride and bridegroom"**
"Moj ukaz je, da nocoj pripelješ nevesto in ženina"
**"Master, I obey," said the genie**
"Gospodar, ubogam," je rekel duh
**Aladdin then went to his chamber**
Aladin je nato odšel v svojo sobo
**sure enough, at midnight the genie transported a bed**
res je, ob polnoči je duh prepeljal posteljo
**and the bed contained the Vizier's son and the Princess**
v postelji pa sta bila vezirjev sin in princesa
**"Take this new-married man, genie," he said**
"Vzemi tega novoporočenca, duh," je rekel
**"put him outside in the cold for the night"**
"prenoči ga daj zunaj na hladno"
**"then return the couple again at daybreak"**
"potem spet vrni par ob zori"
**So the genie took the Vizier's son out of bed**
Tako je duh vzel vezirjevega sina iz postelje
**and he left Aladdin with the Princess**
in pustil je Aladina s princeso
**"Fear nothing," Aladdin said to her, "you are my wife"**
"Nič se ne boj," ji je rekel Aladin, "ti si moja žena"
**"you were promised to me by your unjust father"**
"obljubil te mi je tvoj nepravični oče"
**"and no harm shall come to you"**
"in nič hudega se vam ne bo zgodilo"
**The Princess was too frightened to speak**
Princesa je bila preveč prestrašena, da bi spregovorila
**and she passed the most miserable night of her life**
in preživela je najbolj nesrečno noč v svojem življenju
**although Aladdin lay down beside her and slept soundly**
čeprav se je Aladin ulegel poleg nje in trdno spal
**At the appointed hour the genie fetched in the shivering bridegroom**
Ob dogovorjeni uri je duh prinesel drgetajočega ženina
**he laid him in his place**

ga je položil na njegovo mesto
**and he transported the bed back to the palace**
in posteljo je odnesel nazaj v palačo
**Presently the Sultan came to wish his daughter good-morning**
Kmalu je sultan prišel svoji hčerki voščit dobro jutro
**The unhappy Vizier's son jumped up and hid himself**
Nesrečni vezirjev sin je skočil in se skril
**and the Princess would not say a word**
in princesa ni hotela reči besede
**and she was very sorrowful**
in bila je zelo žalostna
**The Sultan sent her mother to her**
Sultan je k njej poslal njeno mamo
**"Why will you not speak to your father, child?"**
"Zakaj nočeš govoriti s svojim očetom, otrok?"
**"What has happened?" she asked**
"Kaj se je zgodilo?" je vprašala
**The Princess sighed deeply**
Princesa je globoko zavzdihnila
**and at last she told her mother what had happened**
in nazadnje je povedala materi, kaj se je zgodilo
**she told her how the bed had been carried into some strange house**
povedala ji je, kako so posteljo odnesli v neko tujo hišo
**and she told of what had happened in the house**
in povedala je, kaj se je zgodilo v hiši
**Her mother did not believe her in the least**
Mati ji ni niti najmanj verjela
**and she bade her to consider it an idle dream**
in naročila ji je, naj to smatra za prazne sanje
**The following night exactly the same thing happened**
Naslednjo noč se je zgodilo popolnoma isto
**and the next morning the princess wouldn't speak either**
in naslednje jutro tudi princesa ni hotela govoriti
**on the Princess's refusal to speak, the Sultan threatened to cut off her head**

ker princesa ni hotela spregovoriti, ji je sultan zagrozil, da ji bo odsekal glavo

**She then confessed all that had happened**
Nato je priznala vse, kar se je zgodilo

**and she bid him to ask the Vizier's son**
in naročila mu je, naj vpraša vezirjevega sina

**The Sultan told the Vizier to ask his son**
Sultan je rekel vezirju, naj vpraša njegovega sina

**and the Vizier's son told the truth**
in vezirjev sin je povedal resnico

**he added that he dearly loved the Princess**
dodal je, da ima princeso zelo rad

**"but I would rather die than go through another such fearful night"**
"ampak raje bi umrl, kot da bi preživel še eno tako strašno noč"

**and he wished to be separated from her, which was granted**
in želel je biti ločen od nje, kar mu je bilo odobreno

**and then there was an end to the feasting and rejoicing**
in potem je bilo konec pojedin in veseljačenja

**then the three months were over**
potem so bili trije meseci mimo

**Aladdin sent his mother to remind the Sultan of his promise**
Aladin je poslal svojo mamo, da spomni sultana na njegovo obljubo

**She stood in the same place as before**
Stala je na istem mestu kot prej

**the Sultan had forgotten Aladdin**
sultan je pozabil Aladina

**but at once he remembered him again**
a takoj se ga je spet spomnil

**and he asked for her to come to him**
in prosil jo je, naj pride k njemu

**On seeing her poverty the Sultan felt less inclined than ever to keep his word**
Ko je sultan videl njeno revščino, se je počutil manj kot kdaj koli prej nagnjenega k držanju besede

- 16 -

**and he asked his Vizier's advice**
in vprašal je svojega vezirja za nasvet
**he counselled him to set a high value on the Princess**
svetoval mu je, naj visoko ceni princeso
**a price so high that no man alive could come afford her**
tako visoko ceno, da si je ne bi mogel privoščiti noben živ človek
**The Sultan then turned to Aladdin's mother, saying:**
Sultan se je nato obrnil k Aladinovi materi in rekel:
**"Good woman, a Sultan must remember his promises"**
"Dobra ženska, sultan se mora spomniti svojih obljub"
**"and I will remember my promise"**
"in spomnil se bom svoje obljube"
**"but your son must first send me forty basins of gold"**
"toda tvoj sin mi mora najprej poslati štirideset posod zlata"
**"and the gold basins must be full of jewels"**
"in zlate posode morajo biti polne draguljev"
**"and they must be carried by forty black camels"**
"in nositi jih mora štirideset črnih kamel"
**"and in front of each black camel there is to be a white camel"**
"in pred vsako črno kamelo naj bo bela kamela"
**"and all the camels are to be splendidly dressed"**
"in vse kamele naj bodo čudovito oblečene"
**"Tell him that I await his answer"**
"Povej mu, da čakam na njegov odgovor"
**The mother of Aladdin bowed low**
Aladinova mati se je nizko priklonila
**and then she went home**
in potem je odšla domov
**although she thought all was lost**
čeprav je mislila, da je vse izgubljeno
**She gave Aladdin the message**
Aladinu je dala sporočilo
**and she added, "He may wait long enough for your answer!"**
in dodala: "Lahko bo dovolj dolgo čakal na tvoj odgovor!"
**"Not so long as you think, mother," her son replied**

»Ne tako dolgo, kot misliš, mati,« je odgovoril njen sin
**"I would do a great deal more than that for the Princess"**
"Za princeso bi naredil veliko več kot to"
**and he summoned the genie again**
in ponovno je priklical duha
**and in a few moments the eighty camels arrived**
in čez nekaj trenutkov je prišlo osemdeset kamel
**and they took up all space in the small house and garden**
in so zavzeli ves prostor v majhni hiši in na vrtu
**Aladdin made the camels set out to the palace**
Aladin je poslal kamele v palačo
**and the camels were followed by his mother**
in kamelam je sledila njegova mati
**The camels were very richly dressed**
Kamele so bile zelo bogato oblečene
**and splendid jewels were on the girdles of the camels**
in čudoviti dragulji so bili na pasovih kamel
**and everyone crowded around to see the camels**
in vsi so se gnetli okoli, da bi videli kamele
**and they saw the basins of gold the camels carried on their backs**
in videli so posode z zlatom, ki so jih kamele nosile na hrbtu
**They entered the palace of the Sultan**
Vstopili so v sultanovo palačo
**and the camels kneeled before him in a semi circle**
in kamele so klečale pred njim v polkrogu
**and Aladdin's mother presented the camels to the Sultan**
in Aladinova mati je sultanu predstavila kamele
**He hesitated no longer, but said:**
Nič več ni okleval, ampak je rekel:
**"Good woman, return to your son"**
"Dobra ženska, vrni se k sinu"
**"tell him that I wait for him with open arms"**
"povej mu, da ga čakam z odprtimi rokami"
**She lost no time in telling Aladdin**
Ni izgubila časa in povedala Aladinu
**and she bid him to make haste**

in rekla mu je, naj pohiti
**But Aladdin first called for the genie**
Toda Aladin je najprej poklical duha
**"I want a scented bath," he said**
"Hočem dišečo kopel," je rekel
**"and I want a horse more beautiful than the Sultan's"**
"in hočem konja, lepšega od sultanovega"
**"and I want twenty servants to attend to me"**
"in želim, da me skrbi dvajset služabnikov"
**"and I also want six beautifully dressed servants to wait on my mother"**
"in prav tako želim, da šest lepo oblečenih služabnikov streže moji mami"
**"and lastly, I want ten thousand pieces of gold in ten purses"**
"in nazadnje hočem deset tisoč zlatnikov v desetih denarnicah"
**No sooner had he said what he wanted and it was done**
Komaj je rekel, kaj hoče, in bilo je storjeno
**Aladdin mounted his beautiful horse**
Aladin je zajahal svojega čudovitega konja
**and he passed through the streets**
in šel je po ulicah
**the servants cast gold into the crowd as they went**
služabniki so na poti metali zlato v množico
**Those who had played with him in his childhood knew him not**
Tisti, ki so se z njim igrali v otroštvu, ga niso poznali
**he had grown very handsome**
postal je zelo čeden
**When the Sultan saw him he came down from his throne**
Ko ga je sultan zagledal, je stopil s prestola
**he embraced his new son-in-law with open arms**
je z odprtimi rokami objel svojega novega zeta
**and he led him into a hall where a feast was spread**
in odpeljal ga je v dvorano, kjer je bila pogostitev
**he intended to marry him to the Princess that very day**
nameraval ga je še isti dan poročiti s princeso
**But Aladdin refused to marry straight away**

Toda Aladdin se ni hotel takoj poročiti
**"first I must build a palace fit for the princess"**
"Najprej moram zgraditi palačo, primerno za princeso"
**and then he took his leave**
in potem se je poslovil
**Once home, he said to the genie:**
Ko je prišel domov, je rekel duhu:
**"Build me a palace of the finest marble"**
"Zgradi mi palačo iz najboljšega marmorja"
**"set the palace with jasper, agate, and other precious stones"**
"postavite palačo z jaspisom, ahatom in drugimi dragimi kamni"
**"In the middle of the palace you shall build me a large hall with a dome"**
"Sredi palače mi zgradite veliko dvorano s kupolo."
**"the four walls of the hall will be of masses of gold and silver"**
"štiri stene dvorane bodo iz mase zlata in srebra"
**"and each wall will have six windows"**
"in vsaka stena bo imela šest oken"
**"and the lattices of the windows will be set with precious jewels"**
"in rešetke oken bodo okrašene z dragocenimi dragulji"
**"but there must be one window that is not decorated"**
"vendar mora biti eno okno, ki ni okrašeno"
**"go see that it gets done!"**
"pojdi pogledat, da bo storjeno!"
**The palace was finished by the next day**
Palača je bila dokončana naslednji dan
**the genie carried him to the new palace**
duh ga je odnesel v novo palačo
**and he showed him how all his orders had been faithfully carried out**
in pokazal mu je, kako so bili vsi njegovi ukazi zvesto izvršeni
**even a velvet carpet had been laid from Aladdin's palace to the Sultan's**
celo žametna preproga je bila položena od Aladinove palače

do sultanove
**Aladdin's mother then dressed herself carefully**
Aladinova mama se je nato skrbno oblekla
**and she walked to the palace with her servants**
in hodila je v palačo s svojimi služabniki
**and Aladdin followed her on horseback**
in Aladin ji je sledil na konju
**The Sultan sent musicians with trumpets and cymbals to meet them**
Sultan jim je naproti poslal glasbenike s trobentami in činelami
**so the air resounded with music and cheers**
tako je zrak odmeval od glasbe in veselja
**She was taken to the Princess, who saluted her**
Odpeljali so jo k princesi, ki ji je salutirala
**and she treated her with great honour**
in z njo je ravnala z veliko častjo
**At night the Princess said good-bye to her father**
Ponoči se je princesa poslovila od očeta
**and she set out on the carpet for Aladdin's palace**
in odpravila se je po preprogi v Aladinovo palačo
**his mother was at her side**
njegova mati je bila ob njej
**and they were followed by their entourage of servants**
in sledilo jim je njihovo spremstvo služabnikov
**She was charmed at the sight of Aladdin**
Bila je očarana ob pogledu na Aladina
**and Aladdin ran to receive her into the palace**
in Aladin je tekel, da jo sprejme v palačo
**"Princess," he said, "blame your beauty for my boldness"**
"Princeska," je rekel, "okrivi svojo lepoto za mojo drznost"
**"I hope I have not displeased you"**
"Upam, da te nisem razjezil"
**she said she willingly obeyed her father in this matter**
rekla je, da je v tej zadevi rada ubogala očeta
**because she had seen that he is handsome**
ker je videla, da je lep
**After the wedding had taken place Aladdin led her into the**

**hall**
Po poroki jo je Aladin odpeljal v dvorano
**a great feast was spread out in the hall**
velika pojedina je bila razgrnjena v dvorani
**and she supped with him**
in večerjala je z njim
**after eating they danced till midnight**
po jedi so plesali do polnoči
**The next day Aladdin invited the Sultan to see the palace**
Naslednji dan je Aladin povabil sultana na ogled palače
**they entered the hall with the four-and-twenty windows**
vstopili so v vežo s štiriindvajsetimi okni
**the windows were decorated with rubies, diamonds, and emeralds**
okna so bila okrašena z rubini, diamanti in smaragdi
**he cried, "The palace is one of the wonders of the world!"**
je zavpil: "Palača je eno izmed čudes sveta!"
**"There is only one thing that surprises me"**
"Samo ena stvar me preseneča"
**"Was it by accident that one window was left unfinished?"**
"Ali je po naključju eno okno ostalo nedokončano?"
**"No, sir, it was done so by design," replied Aladdin**
"Ne, gospod, tako je bilo načrtovano," je odgovoril Aladin
**"I wished your Majesty to have the glory of finishing this palace"**
"Želel sem, da vaše veličanstvo doživi slavo dokončanja te palače"
**The Sultan was pleased to be given this honour**
Sultan je bil vesel te časti
**and he sent for the best jewellers in the city**
in poslal je po najboljše draguljarje v mestu
**He showed them the unfinished window**
Pokazal jim je nedokončano okno
**and he bade them to decorate the window like the others**
in naročil jim je, naj okrasijo okno kot drugi
**"Sir," replied their spokesman**
"Gospod," je odgovoril njihov tiskovni predstavnik

**"we cannot find enough jewels"**
"ne najdemo dovolj draguljev"
**so the Sultan had his own jewels fetched**
zato je sultan dal prinesti svoje dragulje
**but those jewels were soon used up too**
a tudi ti dragulji so bili kmalu porabljeni
**even after a month's time the work was not half done**
tudi po enem mesecu delo ni bilo napol opravljeno
**Aladdin knew that their task was impossible**
Aladin je vedel, da je njihova naloga nemogoča
**he bade them to undo their work**
ukazal jim je, naj razveljavijo svoje delo
**and he bade them to carry the jewels back**
in naročil jim je, naj odnesejo dragulje nazaj
**the genie finished the window at his command**
duh je na njegov ukaz dokončal okno
**The Sultan was surprised to receive his jewels again**
Sultan je bil presenečen, ko je znova prejel svoje dragulje
**he visited Aladdin, who showed him the finished window**
je obiskal Aladina, ki mu je pokazal dokončano okno
**and the Sultan embraced his son in law**
in sultan je objel svojega zeta
**meanwhile, the envious Vizier suspected the work of enchantment**
medtem pa je zavistni vezir posumil, da deluje čarovništvo
**Aladdin had won the hearts of the people by his gentle manner**
Aladin je osvojil srca ljudi s svojo nežnostjo
**He was made captain of the Sultan's armies**
Postal je stotnik sultanove vojske
**and he won several battles for his army**
in dobil je več bitk za svojo vojsko
**but he remained as modest and courteous as before**
ostal pa je skromen in vljuden kakor prej
**in this way he lived in peace and content for several years**
tako je več let živel v miru in zadovoljnosti
**But far away in Africa the magician remembered Aladdin**

Toda daleč v Afriki se je čarovnik spomnil Aladina
**and by his magic arts he discovered Aladdin hadn't perished in the cave**
in s svojimi čarovniškimi veščinami je odkril, da Aladin ni poginil v jami
**but instead of perishing, he had escaped and married the princess**
toda namesto da bi poginil, je pobegnil in se poročil s princeso
**and now he was living in great honour and wealth**
zdaj pa je živel v veliki časti in bogastvu
**He knew that the poor tailor's son could only have accomplished this by means of the magic lamp**
Vedel je, da bi ubogemu krojačevemu sinu to lahko uspelo le s pomočjo čarobne svetilke.
**and he travelled night and day until he reached the city**
in potoval je noč in dan, dokler ni prišel v mesto
**he was bent on making sure of Aladdin's ruin**
želel je zagotoviti Aladinov propad
**As he passed through the town he heard people talking**
Ko je šel skozi mesto, je slišal ljudi govoriti
**all they could talk about was the marvellous palace**
vse, o čemer sta lahko govorila, je bila čudovita palača
**"Forgive my ignorance," he asked**
"Oprosti moji nevednosti," je prosil
**"what is this palace you speak of?"**
"kakšna je ta palača, o kateri govoriš?"
**"Have you not heard of Prince Aladdin's palace?" was the reply**
"Ali še niste slišali za palačo princa Aladina?" je bil odgovor
**"the palace is one of the greatest wonders of the world"**
"palača je eno največjih čudes sveta"
**"I will direct you to the palace, if you would like to see it"**
"Napotil te bom do palače, če si jo želiš ogledati"
**The magician thanked him for bringing him to the palace**
Čarovnik se mu je zahvalil, da ga je pripeljal v palačo
**and having seen the palace, he knew that it had been built by the Genie of the Lamp**

in ko je videl palačo, je vedel, da jo je zgradil Duh svetilke
**this made him half mad with rage**
to ga je napol razjezilo od jeze
**He was determined to get hold of the magic lamp**
Odločen je bil, da se bo dokopal do čarobne svetilke
**and he was going to plunge Aladdin into the deepest poverty again**
in spet je nameraval pahniti Aladina v najgloblјo revščino
**Unluckily, Aladdin had gone on a hunting trip for eight days**
Na srečo je Aladin odšel na lov za osem dni
**this gave the magician plenty of time**
to je čarovniku dalo dovolj časa
**He bought a dozen copper lamps**
Kupil je ducat bakrenih svetilk
**and he put the copper lamps into a basket**
in dal je bakrene svetilke v košaro
**and then he went to the palace**
in potem je odšel v palačo
**"New lamps for old lamps!" he exclaimed**
"Nove svetilke za stare svetilke!" je vzkliknil
**and he was followed by a jeering crowd**
in sledila mu je porogljiva množica
**The Princess was sitting in the hall of four-and-twenty windows**
Princesa je sedela v dvorani s štiriindvajsetimi okni
**she sent a servant to find out what the noise was about**
poslala je služabnika, da bi ugotovil, zakaj je hrup
**the servant came back laughing so much that the Princess scolded her**
služabnik se je tako smejal, da jo je princesa oštela
**"Madam," replied the servant**
»Gospa,« je odgovoril služabnik
**"who can help but laughing when you see such a thing?"**
"kdo si lahko pomaga, da se ne smeji, ko vidiš kaj takega?"
**"an old fool is offering to exchange fine new lamps for old lamps"**

- 25 -

"stari norec ponuja menjavo dobrih novih luči za stare luči"
**Another servant, hearing this, spoke up**
Drugi služabnik je to slišal in spregovoril
**"There is an old lamp on the cornice which he can have"**
"Na karnisi je stara svetilka, ki jo lahko vzame"
**this, of course, was the magic lamp**
to je bila seveda čarobna svetilka
**Aladdin had left the magic lamp there, as he could not take it with him**
Aladin je tam pustil čarobno svetilko, saj je ni mogel vzeti s seboj
**The Princess didn't know know the lamp's value**
Princesa ni vedela vrednosti svetilke
**laughingly, she bade the servant to exchange the magic lamp**
v smehu je naročila služabniku, naj zamenja čarobno svetilko
**the servant took the lamp to the magician**
služabnik je odnesel svetilko čarovniku
**"Give me a new lamp for this lamp," she said**
»Daj mi novo svetilko za to svetilko,« je rekla
**He snatched the lamp and bade the servant to pick another lamp**
Pograbil je svetilko in ukazal služabniku, naj izbere drugo svetilko
**and the entire crowd jeered at the sight**
in vsa množica se je ob tem pogledu posmehovala
**but the magician cared little for the crowd**
toda čarovniku je bilo malo mar za množico
**he left the crowd with the magic lamp he had set out to get**
zapustil je množico s čarobno svetilko, po katero se je namenil
**and he went out of the city gates to a lonely place**
in šel je ven iz mestnih vrat na samoten kraj
**there he remained till nightfall**
tam je ostal do noči
**and at nightfall he pulled out the magic lamp and rubbed it**
in ob noči je izvlekel čarobno svetilko in jo podrgnil
**The genie appeared to the magician**
Duh se je prikazal čarovniku

**and the magician made his command to the genie**
in čarovnik je ukazal duhu
**"carry me, the princess, and the palace to a lonely place in Africa"**
"odpelji mene, princeso in palačo na samoten kraj v Afriki"
**Next morning the Sultan looked out of the window toward Aladdin's palace**
Naslednje jutro je sultan pogledal skozi okno proti Aladinovi palači
**and he rubbed his eyes when he saw the palace was gone**
in pomel si je oči, ko je videl, da palače ni več
**He sent for the Vizier and asked what had become of the palace**
Poslal je po vezirja in vprašal, kaj se je zgodilo s palačo
**The Vizier looked out too, and was lost in astonishment**
Tudi vezir je pogledal ven in bil osupel
**He again put the events down to enchantment**
Dogajanje je spet pripisal čaranju
**and this time the Sultan believed him**
in tokrat mu je sultan verjel
**he sent thirty men on horseback to fetch Aladdin in chains**
je poslal trideset mož na konjih po Aladina v verigah
**They met him riding home**
Srečali so ga med vožnjo domov
**they bound him and forced him to go with them on foot**
zvezali so ga in prisilili, da je šel z njimi peš
**The people, however, who loved him, followed them to the palace**
Ljudje, ki so ga imeli radi, pa so jim sledili v palačo
**they would make sure that he came to no harm**
poskrbeli bi, da mu ne bi bilo hudega
**He was carried before the Sultan**
Odpeljali so ga pred sultana
**and the Sultan ordered the executioner to cut off his head**
in sultan je ukazal krvniku, naj mu odseka glavo
**The executioner made Aladdin kneel down before a block of wood**

Krvnik je Aladina prisilil, da je pokleknil pred kosom lesa
**he bandaged his eyes so that he could not see**
zavezal si je oči, da ni videl
**and he raised his scimitar to strike**
in dvignil je sabo, da bi udaril
**At that instant the Vizier saw the crowd had forced their way into the courtyard**
Takrat je vezir videl, da je množica pridrvela na dvorišče
**they were scaling the walls to rescue Aladdin**
plezali so čez zidove, da bi rešili Aladina
**so he called to the executioner to halt**
zato je zaklical krvniku, naj se ustavi
**The people, indeed, looked so threatening that the Sultan gave way**
Ljudje so bili res videti tako grozeči, da je sultan popustil
**and he ordered Aladdin to be unbound**
in ukazal je odvezati Aladina
**he pardoned him in the sight of the crowd**
ga je odpustil v očeh množice
**Aladdin now begged to know what he had done**
Aladin je zdaj prosil, da izve, kaj je storil
**"False wretch!" said the Sultan, "come thither"**
"Lažna reva!" je rekel sultan, "pridi tja"
**he showed him from the window the place where his palace had stood**
z okna mu je pokazal kraj, kjer je stala njegova palača
**Aladdin was so amazed that he could not say a word**
Aladin je bil tako presenečen, da ni mogel izreči besede
**"Where are my palace and my daughter?" demanded the Sultan**
"Kje sta moja palača in moja hči?" je zahteval sultan
**"For the palace I am not so deeply concerned"**
"Za palačo me ne skrbi tako globoko"
**"but my daughter I must have"**
"toda svojo hčerko moram imeti"
**"and you must find her, or lose your head"**
"in najti jo moraš ali pa izgubiš glavo"

**Aladdin begged to be granted forty days in which to find her**
Aladin je prosil za štirideset dni, da jo najde
**he promised that if he failed he would return**
obljubil je, da se bo vrnil, če mu ne uspe
**and on his return he would suffer death at the Sultan's pleasure**
in ob vrnitvi bo umrl po sultanovi volji
**His prayer was granted by the Sultan**
Sultan je uslišal njegovo molitev
**and he went forth sadly from the Sultan's presence**
in žalosten je odšel iz sultanove navzočnosti
**For three days he wandered about like a madman**
Tri dni je blodil kakor nor
**he asked everyone what had become of his palace**
vprašal je vse, kaj se je zgodilo z njegovo palačo
**but they only laughed and pitied him**
oni pa so se le smejali in ga pomilovali
**He came to the banks of a river**
Prišel je do bregov reke
**he knelt down to say his prayers before throwing himself in**
pokleknil je, da bi zmolil, preden se je vrgel noter
**In so doing he rubbed the magic ring he still wore**
Pri tem je podrgnil čarobni prstan, ki ga je še nosil
**The genie he had seen in the cave appeared**
Pojavil se je duh, ki ga je videl v jami
**and he asked him what his will was**
in vprašal ga je, kaj je njegova volja
**"Save my life, genie," said Aladdin**
"Reši mi življenje, duh," je rekel Aladin
**"bring my palace back"**
"vrni mojo palačo"
**"That is not in my power," said the genie**
"To ni v moji moči," je rekel duh
**"I am only the Slave of the Ring"**
"Jaz sem samo suženj prstana"
**"you must ask him for the magic lamp"**

"prositi ga moraš za čarobno svetilko"
**"that might be true," said Aladdin**
"to bi lahko bilo res," je rekel Aladin
**"but thou canst take me to the palace"**
"vendar me lahko odpelješ v palačo"
**"set me down under my dear wife's window"**
"Postavi me pod okno moje drage žene"
**He at once found himself in Africa**
Takoj se je znašel v Afriki
**he was under the window of the Princess**
bil je pod oknom princese
**and he fell asleep out of sheer weariness**
in je od same utrujenosti zaspal
**He was awakened by the singing of the birds**
Zbudilo ga je petje ptic
**and his heart was lighter than it was before**
in njegovo srce je bilo lažje kot prej
**He saw that all his misfortunes were due to the loss of the magic lamp**
Videl je, da je vsa njegova nesreča posledica izgube čarobne svetilke
**and he vainly wondered who had robbed him of his magic lamp**
in zaman se je spraševal, kdo mu je ukradel čarobno svetilko
**That morning the Princess rose earlier than she normally**
Tisto jutro je princesa vstala prej kot običajno
**once a day she was forced to endure the magicians company**
enkrat na dan je bila prisiljena prenašati družbo čarovnikov
**She, however, treated him very harshly**
Vendar je z njim ravnala zelo ostro
**so he dared not live with her in the palace**
zato si ni upal živeti z njo v palači
**As she was dressing, one of her women looked out and saw Aladdin**
Ko se je oblačila, je ena od njenih žensk pogledala ven in zagledala Aladina
**The Princess ran and opened the window**

Princesa je stekla in odprla okno
**at the noise she made Aladdin looked up**
ob hrupu, ki ga je povzročila, je Aladin dvignil pogled
**She called to him to come to her**
Poklicala ga je, naj pride k njej
**it was a great joy for the lovers to see each other again**
zaljubljenca je bilo v veliko veselje, da sta se spet videla
**After he had kissed her Aladdin said:**
Ko jo je poljubil, je Aladin rekel:
**"I beg of you, Princess, in God's name"**
"Prosim te, princesa, v božjem imenu"
**"before we speak of anything else"**
"preden govorimo o čem drugem"
**"for your own sake and mine"**
"zaradi sebe in mene"
**"tell me what has become of the old lamp"**
"povej mi, kaj se je zgodilo s staro svetilko"
**"I left the lamp on the cornice in the hall of four-and-twenty windows"**
"Svetilko sem pustil na karnisi v veži s štiriindvajsetimi okni"
**"Alas!" she said, "I am the innocent cause of our sorrows"**
"Ojej!" rekla je: "Jaz sem nedolžni vzrok naših žalosti"
**and she told him of the exchange of the magic lamp**
in povedala mu je o zamenjavi čarobne svetilke
**"Now I know," cried Aladdin**
"Zdaj vem," je zavpil Aladin
**"we have to thank the magician for this!"**
"za to se moramo zahvaliti čarovniku!"
**"Where is the magic lamp?"**
"Kje je čarobna svetilka?"
**"He carries the lamp about with him," said the Princess**
"Svetilko nosi s seboj," je rekla princesa
**"I know he carries the lamp with him"**
"Vem, da nosi svetilko s seboj"
**"because he pulled the lamp out of his breast pocket to show me"**
"ker je potegnil svetilko iz naprsnega žepa, da mi jo pokaže"

**"and he wishes me to break my faith with you and marry him"**
"in želi, da prelomim svojo vero s tabo in se poročim z njim"
**"and he said you were beheaded by my father's command"**
"in rekel je, da si bil obglavljen po ukazu mojega očeta"
**"He is always speaking ill of you"**
"Vedno govori slabo o tebi"
**"but I only reply with my tears"**
"ampak odgovorim samo s svojimi solzami"
**"If I can persist, I doubt not"**
"Če lahko vztrajam, dvomim, da ne"
**"but he will use violence"**
"vendar bo uporabil nasilje"
**Aladdin comforted his wife**
Aladin je tolažil svojo ženo
**and he left her for a while**
in jo je za nekaj časa pustil
**He changed clothes with the first person he met in town**
Preoblekel se je s prvim, ki ga je srečal v mestu
**and having bought a certain powder, he returned to the Princess**
in ko je kupil določen prah, se je vrnil k princesi
**the Princess let him in by a little side door**
princesa ga je spustila noter skozi majhna stranska vrata
**"Put on your most beautiful dress," he said to her**
»Oblecite svojo najlepšo obleko,« ji je rekel
**"receive the magician with smiles today"**
"danes sprejmite čarovnika z nasmehom"
**"lead him to believe that you have forgotten me"**
"napelji ga k prepričanju, da si me pozabil"
**"Invite him to sup with you"**
"Povabi ga na večerjo s tabo"
**"and tell him you wish to taste the wine of his country"**
"in mu povej, da želiš okusiti vino njegove dežele"
**"He will be gone for some time"**
"Nekaj časa ga ne bo"
**"while he is gone I will tell you what to do"**

"dokler ga ne bo, ti bom povedal, kaj moraš narediti"
**She listened carefully to Aladdin**
Pozorno je poslušala Aladina
**and when he left she arrayed herself beautifully**
in ko je odšel, se je lepo oblekla
**she hadn't dressed like this since she had left her city**
odkar je zapustila svoje mesto, se ni tako oblekla
**She put on a girdle and head-dress of diamonds**
Nadela si je pas in naglavno okrasje iz diamantov
**she was more beautiful than ever**
bila je lepša kot kdajkoli
**and she received the magician with a smile**
in sprejela je čarovnika z nasmehom
**"I have made up my mind that Aladdin is dead"**
"Odločil sem se, da je Aladin mrtev"
**"my tears will not bring him back to me"**
"moje solze ga ne bodo vrnile k meni"
**"so I am resolved to mourn no more"**
"zato sem odločen, da ne bom več žaloval"
**"therefore I invite you to sup with me"**
"zato te vabim na večerjo z mano"
**"but I am tired of the wines we have"**
"ampak utrujen sem od vin, ki jih imamo"
**"I would like to taste the wines of Africa"**
"Rad bi okusil vina Afrike"
**The magician ran to his cellar**
Čarovnik je stekel v svojo klet
**and the Princess put the powder Aladdin had given her in her cup**
in princesa ji je v skodelico dala prašek, ki ji ga je dal Aladin
**When he returned she asked him to drink to her health**
Ko se je vrnil, ga je prosila, naj pije za njeno zdravje
**and she handed him her cup in exchange for his**
in izročila mu je svojo skodelico v zameno za njegovo
**this was done as a sign to show she was reconciled to him**
to je bilo storjeno kot znak, da je pokazala, da se je pomirila z njim

**Before drinking the magician made her a speech**
Pred pitjem ji je čarovnik naredil govor
**he wanted to praise her beauty**
je hotel pohvaliti njeno lepoto
**but the Princess cut him short**
a princesa ga je prerezala
**"Let us drink first"**
"Najprej pijmo"
**"and you shall say what you will afterwards"**
"in potem boš rekel, kar boš"
**She set her cup to her lips and kept it there**
Prislonila je skodelico k ustnicam in jo tam obdržala
**the magician drained his cup to the dregs**
je čarovnik izpraznil svojo skodelico do dna
**and upon finishing his drink he fell back lifeless**
in ko je popil pijačo, je brez življenja padel nazaj
**The Princess then opened the door to Aladdin**
Princesa je nato Aladinu odprla vrata
**and she flung her arms round his neck**
in zavihtela je roke okoli njegovega vratu
**but Aladdin asked her to leave him**
a Aladin jo je prosil, naj ga zapusti
**there was still more to be done**
še več je bilo treba narediti
**He then went to the dead magician**
Nato je odšel do mrtvega čarovnika
**and he took the lamp out of his vest**
in vzel je svetilko iz telovnika
**he bade the genie to carry the palace back**
duhu je naročil, naj odnese palačo nazaj
**the Princess in her chamber only felt two little shocks**
princesa v svoji sobi je začutila le dva majhna sunka
**in little time she was at home again**
čez malo časa je bila spet doma
**The Sultan was sitting on his balcony**
Sultan je sedel na svojem balkonu
**he was mourning for his lost daughter**

žaloval je za izgubljeno hčerko
**he looked up and had to rub his eyes again**
dvignil je pogled in si je moral spet pometi oči
**the palace stood there as it had before**
palača je stala tam, kakor je prej
**He hastened over to the palace to see his daughter**
Pohitel je v palačo, da bi videl svojo hčer
**Aladdin received him in the hall of the palace**
Aladin ga je sprejel v dvorani palače
**and the princess was at his side**
in princesa je bila ob njem
**Aladdin told him what had happened**
Aladin mu je povedal, kaj se je zgodilo
**and he showed him the dead body of the magician**
in pokazal mu je truplo čarovnika
**so that the Sultan would believe him**
da bi mu sultan verjel
**A ten days' feast was proclaimed**
Razglašen je bil desetdnevni praznik
**and it seemed as if Aladdin might now live the rest of his life in peace**
in zdelo se je, kot da bi lahko Aladdin zdaj preživel preostanek svojega življenja v miru
**but his life was not to be as peaceful as he had hoped**
vendar njegovo življenje ni bilo tako mirno, kot je upal
**The African magician had a younger brother**
Afriški čarovnik je imel mlajšega brata
**he was maybe even more wicked and cunning than his brother**
bil je morda še bolj hudoben in zvit kot njegov brat
**He travelled to Aladdin to avenge his brother's death**
Odpotoval je k Aladinu, da bi maščeval bratovo smrt
**he went to visit a pious woman called Fatima**
šel je obiskat pobožno ženo po imenu Fatima
**he thought she might be of use to him**
mislil je, da bi mu lahko koristila
**He entered her cell and put a dagger to her breast**

Vstopil je v njeno celico in ji prislonil bodalo na prsi
**then he told her to rise and do his bidding**
potem ji je rekel, naj vstane in izpolni njegovo naročilo
**and if she didn't he said he would kill her**
in če ne bi, je rekel, da jo bo ubil
**He changed his clothes with her**
Z njo se je preoblekel
**and he coloured his face like hers**
in obarval je svoj obraz kot njen
**he put on her veil so that he looked just like her**
oblekel ji je tančico, tako da je bil videti tako kot ona
**and finally he murdered her despite her compliance**
in nazadnje jo je umoril kljub njeni ustrežljivosti
**so that she could tell no tales**
da ne bi mogla pripovedovati pravljic
**Then he went towards the palace of Aladdin**
Nato je šel proti Aladinovi palači
**all the people thought he was the holy woman**
vsi ljudje so mislili, da je sveta ženska
**they gathered round him to kiss his hands**
zbrali so se okoli njega, da bi mu poljubljali roke
**and they begged for his blessing**
in prosili so ga za blagoslov
**When he got to the palace there was a great commotion around him**
Ko je prišel v palačo, je okoli njega nastal velik nemir
**the princess wanted to know what all the noise was about**
princesa je želela vedeti, zakaj je bil hrup
**so she bade her servant to look out of the window**
zato je svojemu služabniku naročila, naj pogleda skozi okno
**and her servant asked what the noise was all about**
in njen služabnik je vprašal, zakaj je bil hrup
**she found out it was the holy woman causing the commotion**
ugotovila je, da je sveta ženska tista, ki povzroča nemir
**she was curing people of their ailments by touching them**
ljudi je zdravila njihovih bolezni z dotikom
**the Princess had long desired to see Fatima**

princesa si je dolgo želela videti Fatimo
**so she got her servant to ask her into the palace**
zato je svojega služabnika povabila v palačo
**and the false Fatima accepted the offer into the palace**
in lažna Fatima je sprejela ponudbo v palačo
**the magician offered up a prayer for her health and prosperity**
čarovnik je molil za njeno zdravje in blaginjo
**the Princess made him sit by her**
princesa ga je posadila k sebi
**and she begged him to stay with her**
in prosila ga je, naj ostane pri njej
**The false Fatima wished for nothing better**
Lažna Fatima si ni želela nič boljšega
**and she consented to the princess' wish**
in privolila je v princesino željo
**but he kept his veil down**
vendar je zadržal svojo tančico
**because he knew that he would be discovered otherwise**
saj je vedel, da ga bodo drugače odkrili
**The Princess showed him the hall**
Princesa mu je pokazala dvorano
**and she asked him what he thought of the hall**
in vprašala ga je, kaj misli o dvorani
**"It is a truly beautiful hall," said the false Fatima**
»To je res lepa dvorana,« je rekla lažna Fatima
**"but in my mind your palace still wants one thing"**
"toda po mojem si tvoja palača še vedno želi eno stvar"
**"And what is it that my palace is missing?" asked the Princess**
"In kaj manjka moji palači?" je vprašala princesa
**"If only a Roc's egg were hung up from the middle of this dome"**
"Ko bi le Rocovo jajce obesili na sredino te kupole"
**"then your palace would be the wonder of the world," he said**
"potem bi bila tvoja palača čudež sveta," je rekel

**After this the Princess could think of nothing but the Roc's egg**
Po tem princesa ni mogla pomisliti na nič drugega kot na Rokovo jajce
**when Aladdin returned from hunting he found her in a very ill humour**
ko se je Aladin vrnil z lova, jo je našel v zelo slabi volji
**He begged to know what was amiss**
Prosil je, kaj je narobe
**and she told him what had spoiled her pleasure**
in povedala mu je, kaj ji je pokvarilo užitek
**"I'm made miserable for the want of a Roc's egg"**
"Nesrečen sem zaradi pomanjkanja Rocovega jajca"
**"If that is all you want you shall soon be happy," replied Aladdin**
"Če je to vse, kar želiš, boš kmalu srečen," je odgovoril Aladin
**he left her and rubbed the lamp**
pustil jo je in podrgnil svetilko
**when the genie appeared he commanded him to bring a Roc's egg**
ko se je duh pojavil, mu je ukazal, naj prinese Rocovo jajce
**The genie gave such a loud and terrible shriek that the hall shook**
Duh je tako glasno in strašno zavpil, da se je dvorana stresla
**"Wretch!" he cried, "is it not enough that I have done everything for you?"**
"Nesreča!" je zavpil, "ali ni dovolj, da sem naredil vse zate?"
**"but now you command me to bring my master"**
"zdaj pa mi ukazuješ, naj pripeljem svojega gospodarja"
**"and you want me to hang him up in the midst of this dome"**
"in želiš, da ga obesim sredi te kupole"
**"You and your wife and your palace deserve to be burnt to ashes"**
"Ti, tvoja žena in tvoja palača si zaslužijo, da jih sežgemo v pepel."
**"but this request does not come from you"**
"toda ta zahteva ne prihaja od vas"

**"the demand comes from the brother of the magician"**
"povpraševanje prihaja od brata čarovnika"
**"the magician whom you have destroyed"**
"čarovnik, ki ste ga uničili"
**"He is now in your palace disguised as the holy woman"**
"Zdaj je v vaši palači preoblečen v sveto žensko"
**"the real holy woman he has already murdered"**
"prava sveta ženska, ki jo je že umoril"
**"it was him who put that wish into your wife's head"**
"on je tisti, ki je tvoji ženi vtisnil to željo v glavo"
**"Take care of yourself, for he means to kill you"**
"Poskrbi zase, ker te hoče ubiti"
**upon saying this, the genie disappeared**
ko je to rekel, je duh izginil
**Aladdin went back to the Princess**
Aladin se je vrnil k princesi
**he told her that his head ached**
rekel ji je, da ga boli glava
**so she requested the holy Fatima to be fetched**
zato je prosila, naj ji prinesejo sveto Fatimo
**she could lay her hands on his head**
lahko bi mu položila roke na glavo
**and his headache would be cured by her powers**
in njegov glavobol bi ozdravile njene moči
**when the magician came near Aladdin seized his dagger**
ko se je čarovnik približal, je Aladin prijel njegovo bodalo
**and he pierced him in the heart**
in ga je prebodel v srce
**"What have you done?" cried the Princess**
"Kaj si naredil?" je zavpila princesa
**"You have killed the holy woman!"**
"Ubili ste sveto žensko!"
**"It is not so," replied Aladdin**
"Ni tako," je odgovoril Aladin
**"I have killed a wicked magician"**
"Ubil sem hudobnega čarovnika"
**and he told her of how she had been deceived**

in povedal ji je, kako je bila prevarana
**After this Aladdin and his wife lived in peace**
Po tem sta Aladin in njegova žena živela v miru
**He succeeded the Sultan when he died**
Ko je umrl, je nasledil sultana
**he reigned over the kingdom for many years**
kraljestvu je vladal več let
**and he left behind him a long lineage of kings**
in za seboj je pustil dolgo rodovino kraljev

**The End**
Konec

www.ingramcontent.com/pod-product-compliance
Lightning Source LLC
Chambersburg PA
CBHW012010090526
44590CB00026B/3963